Inhalt

Mobile Marketing (Mobil-Marketing, mobiles Marketing)

Kernthesen

Beitrag

Fallbeispiele

Weiterführende Literatur

Impressum

GENIOS WirtschaftsWissen Nr. 04/2002 vom 26.04.2002

Mobile Marketing (Mobil-Marketing, mobiles Marketing)

E.Krug

Kernthesen

- Mobile Marketing ist eine neue erfolgversprechende Art des Direktmarketings. Es handelt sich dabei um Permission-Marketing über das Handy. (1), (2)
- Die Grundsteine für Mobile Marketing wurden bereits im letzten Jahr gelegt, dennoch findet es in Deutschland bislang nur bedingt Akzeptanz. (1), (3)
- Im Zusammenhang mit Mobile Marketing wurde Ende Januar 2002 die deutsche MMA (Mobile Marketing Association) gegründet.

(4), (5), (6)
- Bei zunehmender Akzeptanz wird dem mobilen Marketing eine positive Entwicklung prognostiziert. (1)

Beitrag

Obwohl bereits im vergangenen Jahr ein ziemlich heißes Thema, hat Mobile Marketing in den letzten Monaten noch an Aktualität gewonnen, nicht zuletzt wegen der Gründung der deutschen Sektion der Mobile Marketing Association (MMA).

Was ist Mobile Marketing?

Mobiles Marketing ist Marketing über das Mobiltelefon. Neben SMS-Umfragen werden z. B. Werbebotschaften über das Handy verschickt oder auch Produkttests durchgeführt. Handy-User, die diese Dienste nutzen wollen, melden sich mit Interessenprofil bei den Anbietern an. Es handelt sich also um Marketing basierend auf Erlaubnis, dem sogenannten Permission-Marketing. (2) Mobil-Marketing ist nicht "Push-Werbung", sprich vom User nicht erwünschte Werbebotschaften per SMS oder Anruf auf das Handy. (1)

Direkte Ansprechpartner für Unternehmen sind Mobile Marketing Agenturen, die dann auch die Kampagne planen und technisch durchführen. (7)

Wachstumspotential

Noch befindet sich mobiles Marketing in den Anfängen und ist in Deutschland nur bedingt verbreitet. Nur 32% der jeweils größten Agenturen Deutschlands im Bereich Werbung, Dialogmarketing, Medien und Multimedia bieten Mobil-Marketing an. (1), (3), (5)
Trotz hoher Erwartungen ist die Anwendung zur Zeit noch eingeschränkt, z. B. durch die begrenzte Anzahl der Zeichen bei einer SMS. (5)
Außerdem sind bei einem direkten Kommunikationskanal, wie dem Handy, Ideen gefragt um seine Bandbreite zu nutzen. Bereits vor den inhaltlichen Entscheidungen bei einer Kampagne muss die Kreativität einsetzen um optimal die Bedürfnisse des Kunden zu berücksichtigen.
Eine kommerzielle SMS sollte den Interessenten nicht nerven, sondern vielmehr Informationsvorteile oder sogar finanzielle oder zeitliche Einsparungen bieten. (2)
Sehr beliebt ist diese Art des Direktmarketings bei den 14- bis 29-Jährigen. (5)

Welche Probleme hat Mobile Marketing?

Während Mobile Marketing in Großbritannien und USA schon hohe Akzeptanz findet, ist in Deutschland der eigentliche Durchbruch noch nicht gelungen. Es fehlt z. B. eine wirklich beeindruckende Aktion, die das Thema richtig ankurbelt. (4)
Allerdings ist diese anfänglich schwierige Situation kein spezielles Mobil-Marketing Problem, es ist vielmehr so, dass eine grundlegende Skepsis in den Marketingabteilungen sehr häufig den Durchbruch von Neuerungen erschwert. (7)

Ein Hindernis bei der weiteren Entwicklung könnten die Preiserhöhung der Mobilfunkbetreiber bilden, die für den SMS - Massenversand bei zum Teil fast 300% liegt. (4)

Schwierig und an und für sich noch nicht geklärt ist die Zuordnung von Mobile Marketing im Marketing-Mix. Es ist noch nicht klar, wo dieser Bereich im Endeffekt angesiedelt werden soll. (7)

Welche Vorteile bietet Mobile Marketing?

Das Mobiltelefon bietet als Marketingmedium ein hohes Potenzial, vor allem in der Werbung. Es kann sehr effektiv in Verbindung mit traditioneller Werbung genutzt werden. Ebenso wird dem mobilen Marketing in der Produktpolitik große Bedeutung beigemessen. Produkt-Features oder ein mobiler Zusatzservice können hier z.B. einen beachtlichen Beitrag zur Kundenbindung oder Neukundengewinnung leisten.
Auch in der Marktforschung oder in der Image- und Markenbildung kann Mobile Marketing erfolgversprechend eingesetzt werden. (1)

Die Marketingbotschaften können unkompliziert und kostengünstig an eine sehr große Anzahl von Adressaten gesendet werden. (2), (8)
Ein großer Vorteil, den die Anbieter immer wieder hervorheben: "die hohe Reichweite ohne Streuverluste". (7)

Was ist die MMA?

Zur Förderung der Akzeptanz dieser neuen Branche

bei den Unternehmen wurde in München der deutsche Ableger der internationalen MMA gegründet. Dieser internationale Interessensverband ist ein Bündnis zwischen der globalen WAA (Wireless Advertising Association) und der speziell auf Großbritannien ausgerichteten WMA (Wireless Marketing Association).
Ingo Lippert (Mindmatics, München), Ulrich Pietsch (12snap, München) und Richard Malley (Yoc, Berlin) führen die deutsche Sektion des Verbands. (4), (6)

Die wesentlichen Ziele der MMA sind:
- Wachstumsförderung der Mobile Marketing Branche
- Bildung eines Forums für den Dialog mit anderen Marketingverbänden
- Schutz für den Konsumenten der mobilen Welt

Die internationale MMA vertritt ca. 120 Firmen (90 davon stammen von der WAA). (4)

Fallbeispiele

Im Auftrag des Darmstädter Haarkosmetik - Unternehmens Wella hat 12snap die Mobil-

Marketing-Kampagne "Kiss & Style" entwickelt. Wella setzte das Handy für die junge Styling-Marke Wella Design zum ersten Mal als Marketinginstrument ein.
Die Grundidee der Wella Designwerbung, ein küssendes Paar, wurde in eine dreistufige Aktion eingebunden.
Das Konzept der Kampagne war der "mobile Kuss". Die Teilnehmer konnten per SMS eine Wunschperson angeben, die sie küssen wollten. Diese Personen erhielten dann sogleich einen Call von einem Sprachcomputer und bekamen einen ungefähr 20 Sekunden anhaltenden "kostenfreien Schmatz".
Die Geküssten erreichte anschließend eine SMS, die den Absender des Kusses verriet.
Dazu gab es einen SMS-Quiz und ein kostenloses Wella Design-Kussmundlogo für das Handy.
So versendeten innerhalb von 5 Tagen Jugendliche ca. 55000 Küsse per Handy. Die Bekanntheit der Marke konnte sich verdoppeln. Es wurden insgesamt ca. 750000 Kontakte hergestellt. (1)

Motiviert durch die Aktion "Kiss & Style" setzt die Wella AG erneut auf Mobile Marketing unterstützt von 12snap.
In einer bis Mai anlaufenden Kampagne soll die Zielgruppe der 14- bis 18-jährigen Frauen angesprochen werden:
Eine Art Typberater - Tamagotchi, das sogenannte

"Vivagotchi" begleitet die Zielgruppe auf deren Mobiltelefonen mit dem Ziel, die Bekanntheit der Marke "Viva Tönungsmousse" zu erhöhen, die Kaufbereitschaft zu steigern und eine andauernde Kundenbindung zu erreichen. (9)

Die größte mobile Marketing Aktion wird von McDonalds gemeinsam mit 12snap und The Marketing Store in Großbritannien durchgeführt. Daran beteiligt sind alle 1200 britischen McDonalds Restaurants.
Die Kunden sollen durch Figuren des Disney-Films "Monster-AG" motiviert werden an einem SMS-Gewinnspiel teilzunehmen. 13 Mio. Pommes-Packungen sind mit Monster-Code und SMS-Nummer versehen. Schicken die Kunden diesen Code an die SMS-Nummer oder geben ihn im Internet ein, nehmen sie automatisch am Gewinnspiel teil.
Erwartet wird eine Response-Rate im zweistelligen Millionenbereich. (8), (10)

Weiterführende Literatur

(1) Chancen werden unterschätzt
aus Lebensmittel Zeitung 03 vom 18.01.2002 Seite 058

(2) Extrem Couponing - Chancen und Grenzen der mobilen Schnäppchenjagd
aus Direkt Marketing, Heft 2/2002, S. 48-49

(3) Mobiles Marketing ist nicht weit verbreitet
aus HORIZONT 03 vom 17.01.2002 Seite 051

(4) Warten auf die große Kampagne
aus HORIZONT 03 vom 17.01.2002 Seite 051

(5) Marketers Engpass
aus CYbiz Nr. 04 vom 27.03.2002 Seite 006

(6) Werbung aufs Handy Mobile Marketing Association
aus werben & verkaufen Nr. 05 vom 01.02.2002 Seite 066

(7) «SMS hat erziehende Wirkung»
aus HORIZONT 08 vom 21.02.2002 Seite 050

(8) Monster-Pommes locken SMS-User
aus HORIZONT 08 vom 21.02.2002 Seite 014

(9) It's Vivagotchi-Time, medien aktuell, 18.02.2002, S. 16
aus HORIZONT 08 vom 21.02.2002 Seite 014

(10) SMS-Monster
aus werben & verkaufen Nr. 10 vom 08.03.2002 Seite 076

Impressum

Mobile Marketing (Mobil-Marketing, mobiles Marketing)

Bibliografische Information der deutschen Nationalbibliothek

Die Deutsche Nationalbibliothek verzeichnet diese Publikation in der deutschen Nationalbibliografie; detaillierte bibliografische Daten sind im Internet über http://dnb.d-nb.de abrufbar.

ISBN: 978-3-7379-0680-7

© 2015 GBI-Genios Deutsche Wirtschaftsdatenbank GmbH, Freischützstraße 96, 81927 München, www.genios.de

Alle Rechte vorbehalten. Dieses Werk ist einschließlich aller seiner Teile – z.B. Texte, Tabellen und Grafiken - urheberrechtlich geschützt. Jede Verwertung außerhalb der Grenzen des Urheberrechtsgesetzes bedarf der vorherigen Zustimmung des Verlags. Dies gilt insbesondere auch für auszugsweise Nachdrucke, fotomechanische Vervielfältigungen (Fotokopie/Mikroskopie), Übersetzungen, Auswertungen durch Datenbanken oder ähnliche Einrichtungen und die Einspeicherung und Verarbeitung in elektronischen Systemen.